ÓNDE
ES IR?

Viajamos

EL COCHE

Montse Ganges
Cristina Losantos

Combel
EDITORIAL

www.combeleditorial.com

TIENE CUATRO RUEDAS Y UN VOLANTE.
¿QUÉ ES?

Tiene cuatro ruedas y un volante.
¿Qué es?

¡ES EL COCHE!
¿DÓNDE TE LLEVA EL COCHE?

¡Es el coche!
¿Dónde te lleva el coche?

EL COCHE TE PUEDE LLEVAR AL COLEGIO.
SI ESTÁ MUY LEJOS DE CASA.

El coche te puede llevar al colegio.
Si está muy lejos de casa.

EL COCHE TE PUEDE LLEVAR A LA PISCINA.
CUANDO VAS A HACER DEPORTE.

El coche te puede llevar a la piscina.
Cuando vas a hacer deporte.

EL COCHE TE PUEDE LLEVAR
AL SUPERMERCADO. CUANDO HAY
QUE COMPRAR MUCHAS COSAS.

El coche te puede llevar al supermercado.
Cuando hay que comprar muchas cosas.

EL COCHE TE PUEDE LLEVAR A LA FIESTA
DE CUMPLEAÑOS. ¡FELICIDADES!

El coche te puede llevar a la fiesta
de cumpleaños. ¡Felicidades!

EL COCHE PUEDE LLEVAR
A TU MASCOTA AL VETERINARIO.
CUANDO TIENEN QUE CURARLE.

El coche puede llevar
a tu mascota al veterinario.
Cuando tienen que curarle.

EL COCHE TE LLEVA DE VACACIONES.
A LA PLAYA O A LA MONTAÑA.

El coche te lleva de vacaciones.
A la playa o a la montaña.

EL COCHE APARCA
AL FINAL DE CADA VIAJE.
¿SABES DÓNDE?

El coche aparca
al final de cada viaje.
¿Sabes dónde?

P

LOS COCHES NO SIEMPRE HAN SIDO COMO LOS DE AHORA. EL PRIMERO LO INVENTÓ UN SEÑOR ALEMÁN HACE MUCHOS AÑOS. ERA UN COCHE CON TRES RUEDAS, SOLO CABÍAN DOS PERSONAS Y NO CORRÍA DEMASIADO.

COCHE DE 1905

COCHE DE 1885

COCHE DE LOS AÑOS CUARENTA

MÁS TARDE, SE EMPEZARON A FABRICAR MUCHOS COCHES A LA VEZ; POCO A POCO, EN EUROPA Y SOBRE TODO EN NORTEAMÉRICA, CASI TODAS LAS FAMILIAS TENÍAN COCHE PROPIO.

HOY DÍA INCLUSO HAY COCHES ELÉCTRICOS.

COCHE DE LOS AÑOS CINCUENTA

COCHE ACTUAL

COCHE DE LOS AÑOS OCHENTA

SIGUE SIEMPRE LOS CONSEJOS SIGUIENTES CUANDO VIAJES EN COCHE Y TAMBIÉN CUANDO SEAS PEATÓN.

VIAJA CON
EL CINTURÓN DE
SEGURIDAD ABROCHADO.

NO DISTRAIGAS
AL CONDUCTOR.

RESPETA
Y NO C

Y RECUERDA QUE NO DEBEMOS IR EN COCHE A TODAS PARTES.
SI ES POSIBLE, ES MEJOR IR A PIE O EN TRANSPORTE PÚBLICO.

EMÁFOROS
EN ROJO.

UTILIZA LOS PASOS
DE PEATONES.

¡MIRA A AMBOS
LADOS ANTES DE
CRUZAR LA CALLE!

¿QUIERES SUBIR?